HAIKU
for an Artist

HAÏKUS
pour un peintre

To the Honorable
Jimmy Carter —
with Thanks!

Elizabeth Yahn
Williams

23 January 2021

HAIKU for an Artist
HAÏKUS pour un peintre

Elizabeth Yahn Williams
with Art by Marion Wong
Translated by Edith Jonsson-Devillers

Traduction   Edith   Jonsson-Devillers
avec oeuvres originales de Marion Wong

Revised First Edition from Guidelights Productions

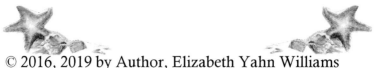

© 2016, 2019 by Author, Elizabeth Yahn Williams

Art © 2016, 2019 by Marion Wong

Translation © 2016, 2019 by Edith Jonsson-Devillers

ISBN: 978-0-9967170-3-8
PCN: 2018907170

This book is a revised edition of the *HAIKU for an Artist / HAÏKUS pour un peintre* parallel reader collection of bilingual artbooks initially published in 2016.

Its successor and the first English/Spanish volume was the Florida Authors and Publishers President's 2017 Medalist for Poetry and a Mom's Choice Honoree for Excellence in Family-Friendly Media. Some reviews appear in the back pages of this revised edition.

This book is printed and published in the USA by:

Guidelights Productions
Post Office Box 233
San Luis Rey, CA 92068-0233
USA

iv

Dedication

The author and artist want to dedicate this book to our parents, Elizabeth and Will Yahn, who placed enormous value on education, also to our Translator, Dr. Edith Jonsson-Devillers, for her knowledge and talent, and to all those who helped in our publication.

Dédicace

L'auteur et sa soeur peintre dédient ce livre à leurs parents, Elizabeth et Will Yahn, qui accordaient une immense valeur à l'instruction, ainsi qu'à leur traductrice, Dr. Edith Jonsson-Devillers pour ses connaissances et son talent, et également à tous ceux qui ont apporté leur concours à cette publication.

Elizabeth Yahn Williams
Marion Wong

Table of Contents / Contenido

Foreword

If the traditional haiku is mostly inspired by nature, this little book goes in another direction and gets its inventiveness from looking at works of art, where shapes and colors fill the imagination with objects and creatures that surround our everyday life.

As regards form, in spite of being a free and unrhymed verse, brevity rules as each poem is resolutely limited to three lines and each one, looking at a different picture in turn, carries a sense of immediacy.

Emotions in front of these mostly abstract scenes are as true as those that moved the pen of Basho in front of a bird or a mountain, but instead of a tranquil, zen-like quality, they range from admiration to indignation and from subtle humor to irony, all with an approach that is definitely contemporary.

As a translator into French I have striven to be true to the varying moods, to the dominant images and rhythm, and to bring when appropriate the final resolution of tension in the last line.

The book offers reproductions of the work of Marion Wong, Elizabeth Williams' sister, and together the paintings, the English description and the French translation offer another example of the collaborative spirit aptly derived from the *renga*, from which the Japanese haiku originated.

Edith Jonsson-Devillers

Avant-Propos

Alors que le haiku traditionnel s'inspire en grande partie de la nature, ce petit livre va dans une autre direction et manifeste sa créativité en se tournant vers des peintures où les tracés et les couleurs emplissent l'imaginaire d'objets et de créatures qui nous entourent au quotidien.

En ce qui concerne la forme, même si le vers est libre et non rimé, la brièveté est de mise car le poème, en examinant tour à tour chaque cadre, se limite résolument à trois vers et fait naître ainsi un sentiment d'intuition spontanée.

Les émotions en face des ces scènes en majorité abstraites sont aussi véridiques que celles qui animèrent le pinceau de Basho devant un oiseau ou une montagne, mais au lieu d'un ton serein, méditatif, elles vont de l'admiration à l'indignation et de l'humour léger à l'ironie, avec une approche résolument contemporaine.

Dans la traduction français j'ai essayé d'être fidèle aux divers états d'âme, aux images et aux rythmes dominants, et à amener autant que possible dans la dernière ligne la résolution de l'expectative.

Ce petit livre offre des reproductions de l'oeuvre de Marion Wong, la soeur d'Elizabeth Yahn Williams, et dans leur ensemble les peintures, la narration anglaise et la traduction française sont un exemple original de l'esprit de collaboration dérivé avec bonheur du *renga*, qui donna naissance au haiku japonais.

Edith Jonsson-Devillers

turned from light
she morphs Genghis Khan shadows
into St. Nick

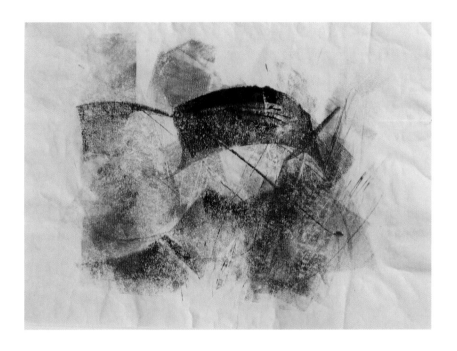

détournée de la lumière
elle transmue les ombres de Genghis Khan
en père Noël

in autumn
we relish the rich texture
of life's tapestry

en automne
on apprécie la riche texture
de la tapisserie de la vie

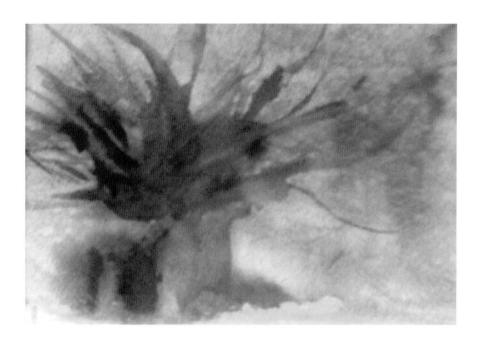

floral still life
mushrooms from pedestal as
scorpion fish

une nature morte florale
se propulse du pédestal
en forme de rascasse

summer dog days
brush past fast in my garden
no time to sit

des jours d'été infects
passent à toute allure dans mon jardin
pas même le temps de s'asseoir

after sunset
in the South Pole's shadows
where do seals go?

après le coucher du soleil
dans les ombres du sud polaire
où vont les phoques?

I swim alone
in technicolor seas
floating freely

je nage seule
flottant librement dans une mer
en technicolor

before the coral
a gentle seahorse scuttles
in turtle time

au milieu des coraux
un gentil hippocampe à l'allure de tortue
caracole

vision shared
Centurion ends mission with
"Quo vadis"?

vision partagée
le centurion conclut sa mission avec
"Quo vadis"?

tie a blue-striped bow
on Dad's company gift
solid job till next rift

papa a reçu de son patron
un cadeau garni d'un beau ruban bleu
le lendemain on l'a viré

seen from rugged mountain top
reached only by a daring few
a rainbow-sky glows

vu de la cime escarpée
où seuls parviennent les audacieux
une palette de couleurs embrase le ciel

on our coffee table
zinnias, roses, gardenias —
good to the last droop

sur notre table
des zinnias, des roses, des gardénias
bien en vie jusqu'à l'agonie

behind the bunny
an ensemble of angels
Easter morning

derrière le lapin
un choeur d'anges
matin de Pâques

summer remodeling
nuns frolic in convent
when water pipes burst

travaux de rénovation cet été
au couvent les bonnes soeurs s'affairent
la canalisation a éclaté

tonight the moon
shines so brightly that I feel
I need sunglasses

ce soir la lune brille si fort
qu'il me faudrait presque
des lunettes de soleil

when white ginger blooms
it can be fun to garden
or hang a wash

là où éclot la fleur blanche du gingembre
il fait bon jardiner
ou étendre son linge

Picasso perceptions
dance in delicate balance
midsummer night's dreams

arabesques de Picasso
défilent en équilibre instable
songes d'une nuit d'été

16

three sailing ships
surfboard, goldfish, cross-shape
form Lenten backdrop

trois voiliers, une planche de surf, un poisson rouge
en forme de croix
décor de carême

before the mask
angry set designer
battles with banshees

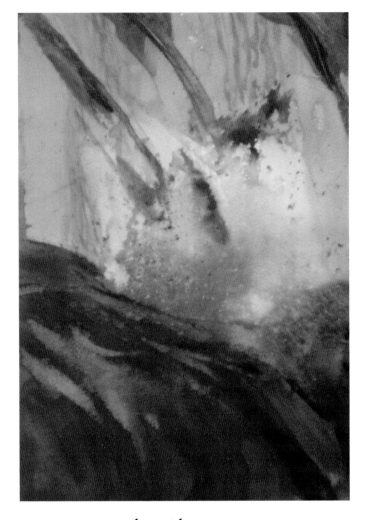

devant le masque
le costumier courroucé
se bat contre les mauvais génies

pooch, turtle, bat,
winged-horse and gremlin dance for
celestial cake

chiot, tortue, chauve-souris,
cheval ailé et diablotin se ruent
sur le gâteau céleste

ice queen at New Year's
skates away from Vulcan's fire
on butterfly wings

la reine de glace au jour de l'An
s'éloigne en patinant du feu de Vulcain
avec ses ailes de papillon

monsoon subsided
crystal catfish jumps for air
then evaporates

la mousson s'est calmée
le poisson-chat avide d'air
saute et disparaît

like a fishing tale
this yarn is tightly wound to
make a perfect orb

comme le fil d'une histoire tirée par les cheveux
ce fil de laine s'étire et s'enroule serré
formant une orbe parfaite

Adélie penguins
celebrate sunset at home
no meal for seal

les pingouins d'Adélie au coucher du soleil
restent chez eux
pas de dîner pour les phoques

23

what a shame
so few detect beauty
in a bog

quel malheur
que si peu détectent la beauté
d'un marécage

she wore red with plum
but after fifty added plumes
with a bauble

elle portait du rouge et du violet
mais après cinquante ans elle ajouta
des plumes et une babiole

surreal camel
escapes perilous paw
unaware or scared?

dromadaire surréel
échappe à patte redoutable
inconscient ou effrayé?

once serving lovers
this aged gate now stores supplies
can the plant console?

jadis des amoureux se tenaient à cette porte
qui n'abrite plus que des marchandises
la plante servira-t-elle de consolation?

cotton-ball tail hops

to rout sprouting flora

furry felon

boule de coton à queue détale

pour renifler une touffe de fleurs

fripon frivole

rust on my driveway
blends with HOA colors
still I get letters

sur mon entrée de garage la rouille
se confond avec les couleurs qu'impose le syndic
et pourant je reçois des plaintes

spring in Oceanside
sports poets who view ships
watching whales

le printemps à Oceanside
voit des poètes qui regardent des bateaux
qui observent des baleines

steady wind calms bay
from hull cat climbs to sabot's bow
mascot for the day

un vent constant engourdit la baie
un chat grimpe de la coque à la proue
mascotte du jour

monster vanquished
and child asleep, his nurse escapes
into parasol

le monstre vaincu et l'enfant assoupi
la nourrice s'éclipse
derrière un parasol

this stable birth
greater than an eclipse
astounds the donkey

cette naissance dans l'étable
plus prodigieuse qu'une éclipse
l'âne n'en revient pas

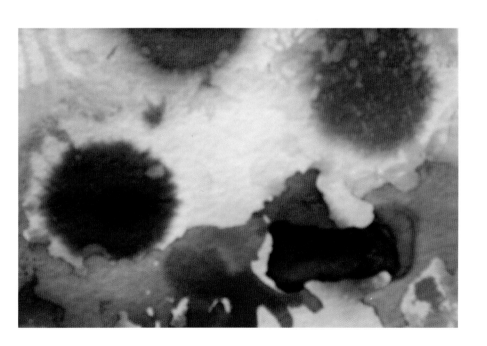

bride blindsided

groom skis over the mountain

to meet waiting chick

la mariée est prise de court

son mari descend la montagne en skis

pour retouver une poule qui l'attend

in torrid ardor
cranes flutter to flight or fight
whooping whoopy

dans la chaleur torride
les grues s'enfuient ou se battent dans les airs
en poussant des cris aigus

35

lovesick as a frog

on a leaf in spring, I flail

for your attention

aussi amoureuse qu'un crapaud

juché sur une feuille au printemps, je me démène

pour attirer ton attention

violin's strain

attains a pinnacle note

a star shimmering

le son du violon

parvient à la plus haute note

comme une étoile qui scintille

model cannot work

kimono covers sofa

funds cut for art class

kimono abandonné sur fauteuil

le modèle ne veut plus poser

pas de fonds pour le cours de peinture

frail as snow-fairies
my poems need to hibernate
some, seven years

frêles comme princesses des neiges
mes poèmes doivent hiberner
parfois même sept ans

dusty-rose curtains
change sham hotel window to
castle-like surroundings

des rideaux rose-poudre
changent une fausse fenêtre d'hôtel
en décor princier

dress rehearsal eve
actors learn lines at last
playwright rewrites

veille de répétition générale
les acteurs savent enfin leurs répliques
l'auteur retouche son texte

white calla lilies
we choose our best for Mary
Feast of Assumption

arums blancs
nous avons choisi le plus beau pour Marie
Fête de l'Assomption

in these bright woods
an autumnal ballet preludes
a vernal étude

dans ces bois lumineux
un ballet d'automne est le prélude
à une étude de printemps

in estuary

sage mud hen stays safer

than stately heron

une poule circonspecte

est plus en sûreté dans la boue d'un estuaire

qu'un héron arrogant

a coot bathes nearby
content with its shades of grey
while I ponder mine

la poule d'eau se baigne tout près
elle se complaît dans sa parure grise
mais moi j'ai des doutes sur la mienne

gilded throne awaits
alone in the cathedral
sanctuary forsaken

un trône doré attend
seul dans la cathédrale
sanctuaire à l'abandon

chimes grace chilled air
pilgrims mount minster steps
Nob Hill Thanksgiving

le carillon emplit l'air glacé
la procession monte les marches de la cathédrale
Action de grâce à Nob Hill

The author met dynamic Professor-Poetess Teresa Gonzalez Lee through the same Solana Beach Library group where she found her Partner-in-Rhyme.

Through Teresa she was introduced to Edith Jonsson-Devillers whose insightful translations fill this work.

The writer hopes this senryu in memory of Teresa will give the reader some sense of her persona.

L'auteur a recontré Teresa Gonzales-Lee, professeur et poète, dans le même groupe de poésie à la bibliothèque de Solana Beach qui celui où elle a découvert son Partenaire-en-Rime.

C'est par Teresa qu'elle a fait la connaissance d'Edith Jonsson-Devillers dont les traductions judicieuses figurent dans cet ouvrage.

L'auteur espère que ce senryu à la mémoire de Teresa donnera au lecteur une idée de ce qui la caractérisait.

eyes sparkling
hands in graceful gestures
twirling Teresa

regard pétulant
gestes gracieux des mains
Teresa fait la pirouette

For My Sister, Marion Wong

1

you say you took blame

for oil I spilled by the car

I doubt that you lie

2

you spoiled your new shoes

on the beach where I was guard

how can I change that?

3

as I display

your art in cards and books

my guilt's assuaged

Pour ma soeur, Marion Wong

1

quand j'ai renversé l'huile près de la voiture

tu dis que tu as reconnu ta faute

je ne m'en souviens pas

2

tu as abîmé tes chaussures neuves

sur la plage où j'étais de garde

que veux-tu que j'y fasse?

3

à mesure que je montre ta peinture

dans des livres et des cartes postales

je me sens moins coupable

About the Author:

Elizabeth Yahn Williams

is a poet-playwright who prefers *performing* poetic dramas to *practicing* law, which she learned at LMU and that was the object of her career from the late 60s to 80s. A UCLA-trained educator, she became a "Most Distinguished Honorary" life member of Mira-Costa College's Phi Theta Kappa Chapter for her mentoring work in leadership and communication. With a grant from KOCT, she wrote, directed and hosted a TV mini-series on that group and others in North San Diego County, CA, which won a Telly Finalist's Award. Her other accolades include stipends from Ford Foundation, Publishing University/Publishers and Writers of San Diego, Vermont Studio Center, National Audio Theatre Foundation, University of London at Queen Mary College, England, Summer Literary Seminar in Montreal, Canada, and Virginia Center for the Arts in Auvillar, France.

Recent board member and Standing Chair, Librarian of the National League of American Pen Women in Washington, D.C., for whom she has given workshops and been a nationally featured speaker, Elizabeth has written several articles and poetry for *The Pen Woman*.

Her haiku have been published in a variety of anthologies, including several from conventions of Haiku North America and the Southern California Haiku Study Group. A lecturer at HNA, she belongs to the British Haiku Society that has printed her work in its *Blithe Spirit* quarterlies and 2017 anthology, *Ekphrasis*.

A propos de l'auteur:

Elizabeth Yahn Williams

est une poète et dramaturge qui a préféré être actrice de productions poétiques plutôt que de pratiquer le droit dont elle avait fait sa carrière, á la fin des années 60 jusque fin 80. Après une formation d'éducatrice à l'Université de Californie à Los Angeles, Elizabeth est devenue "membre honoraire à vie avec distinction" du chapitre de Phi Theta Kappa de Mira Costa College pour son travail de con- seillère en direction et communications. Après avoir reçu une bourse de la chaîne de télévision KOCT elle a écrit, dirigé et animé une série de courtes émissions sur ce groupe et sur d'autres à la télévision au nord du comté de San Diego, en Californie, ce qui lui a valu un prix de final- iste. On compte parmi d'autres distinctions des subven- tions de la Fondation Ford, de "Publishing University/ Publishers and Writers of San Diego", du "Vermont Studio Center", de la Fondation "National Audio Theatre", de l'université de Londres à Queen Mary Col- lege, en Angleterre, du Séminaire Littéraire D'Eté de Montréal au Canada, et du "Virginia Center for the Arts" à Auvillar, France.

En tant que membre du Conseil d'Administration et documentaliste de la Ligue Nationale de "American Pen Women" à Washington, D.C. , pour laquelle elle a organi- sé des ateliers et parlé comme invitée d'honneur à l'échelon national, Elizabeth a écrit plusieurs articles et poèmes pour *THE PEN WOMAN*.

Ses haïkus ont été publiés dans diverses anthologies, ainsi que dans des conventions de haïkus d'Amérique du nord et avec un groupe d'études du haïkus de Californie du sud. Outre ses présentations à la "Haiku North America", elle appartient à la "British Haiku Society" qui a fait paraître ses écrits dans les numéros trimestriels de *Blithe Spirit* et dans son anthologie *Ekphrasis* parue en 2017.

From 2008 to 2016 the author co-edited an Ekphrastic series, for the Escondido Arts Partnership entitled *Summation: The Merging of Art and Poetry*, five years a finalist in the San Diego Book Awards and an Eric Hoffer da Vinci Eye honoree. These art books also inspired a six part film series, *Creative Collaborations*.

In 2011 with her Partner-in-Rhyme, Bob Lundy, she designed *Phantoms of the Gallery as Seen through the Eyes of the El Corazon Creative Writers* that was published by the Phantom Gallery's artists from Carlsbad's Village Faire. From 2007-2012 she and Bob emceed Oceanside's National Authors' Day with North County Authors and Poets, NLAPW, and Read Local, San Diego.

Performing as "Hither and Yahn" in 2012, they initiated *Downtown Verse* for the San Diego Public Libraries and today continue to produce skits and sketches throughout San Diego county and the country. They invite you to visit their Website at: *www.HITHERandYAHN.com*

De 2008 à 2016, l'auteur a co-édité une série d'ekphrasis   pour le "Escondido Arts Partnership" intitulée   *Summation: The Merging of Art and Poetry*, reconnue finaliste pendant cinq années dans les "San Diego Book Awards". Ces livres d'art ont également inspiré une série de films en six parties: "Creative Collaborations".

En 2011 elle a conçu avec Bob Lundy, son associé en poésie, le projet d'art   *Phantoms of the Gallery as Seen through the Eyes of the El Corazon Creative Writers* qui a été publié par les artistes de la Phantom Gallery de   Carlsbad's Village Faire". De 2007 à 2012, elle a présenté la "Journée de Commération Nationale des Auteurs" à Oceanside avec   "North County Authors and Poets", NLAPW, et "Read Local, San Diego".

En se produisant comme "Hither and Yahn" en 2012, Elizabeth Yahn Williams et Bob Lundy ont présenté "Downtown Verse" pour les bibliothêques municipales de San Diego et continuent aujourd'hui à produire des parodies et des sketches dans toute la région de San Diego et le reste du pays. Ils vous invitent à voir leur site web à: *www.HITHERandYAHN.com*

Edith Jonsson-Devillers

Since her childhood spent in France, Edith has been fascinated by the magic of words, particularly that of foreign languages that she heard over the radio or among the members of her father's family. She started studying Latin, English and Spanish in secondary school, continued with foreign language and literature studies at the Sorbonne in Paris, went on with a specialization in translation and interpreting for international organizations and ended up afterwards as a teacher in European countries, including Sweden where she met her husband.

It is in San Diego, California, that she finally settled with her family. She pursued doctoral studies and obtained her Ph.D. while translating and teaching. After many years of activity in various universities, she founded and directed an Alliance Française School, and later her own French and Spanish Institute.

A propos de la tradutrice:

Edith Jonsson-Devillers

Depuis son enfance passée en France, Edith a été fascinée par la magie des mots, et particulièrement par celle des langues étrangères qu'elle entendait à la radio ou parmi des membres de sa famille paternelle. Elle commença l'étude du latin, de l'anglais et de l'espagnol au lycée, continua des études universitaires de langues vivantes et de littérature à Paris, poursuivit une spécialisation en traduction et interprétation pour organisations internationales, pour aboutir ensuite à une carrière d'enseignante dans différents pays, y compris la Suède où elle rencontra son mari.

C'est en Californie, à San Diego, qu'elle finit par s'établir avec sa famille. Elle y poursuivit des études de doctorat en littérature comparée à l'Université de Californie, tout en continuant à traduire et à enseigner. Après de nombreuses années d'activité dans différentes universités, elle fonda et dirigea une Ecole de l'Alliance Française, et plus tard son propre Institut d'espagnol et de français.

Concurrently, she translated works of various authors, poets and philosophers, and took part in poetry workshops between San Diego and Tijuana, the neighboring Mexican border town.

Apart from her books and translations, Edith devotes an important part of her life to music and dance of all kinds, to ethnobotany, and to everything that reflects the culture and wisdom of all peoples and all nations.

En parallèle, elle traduisait les ouvrages de plusieurs auteurs, poètes et philosophes, et participait à des ateliers de poésie entre San Diego et Tijuana, ville frontière mexicaine proche.

En dehors de ses livres et traductions, Edith accorde une part importante à la musique et à la danse en tous genres, à l'ethnobotanique, et à tout ce qui reflète la culture et la sagesse de tous les peuples et de toutes les nations.

*The author would
like to thank*

Marion Wong

*for providing the art for
this small book.*

Since her illustrating and oil painting classes in elementary school, Marion has enjoyed a lifelong exploration of art.

During her earlier adult years much of her talent was devoted to design as she pursued a retailing career with her husband, Andy.

Later she was able to take art classes at West LA College, Culver City Adult School, Emerson Adult School and Emeritus College in Santa Monica, as well as to attend a variety of workshops and lessons from well-known artists, including *plein air* with Tom Fong and portraiture with Steve Jones.

Marion pursues continuing studies with Gloria Lee who often uses mixed media techniques and, thus, finds pleasure in working with various media such as pastels, watercolors, and acrylics, and combining them in collages.

L'auteur voudrait remercier

Marion Wong

pour avoir accepté de reproduire ses tableaux dans ce livre.

Après avoir suivi des classes de dessin et de peinture à l'école élémentaire, Marion a continué de prendre plaisir à explorer ces formes artistiques tout au long de sa vie. En tant que jeune adulte, elle a consacré au design une grande partie de son talent au cours de son activité commerciale avec son mari, Andy.

Plus tard, elle suivit des cours de dessin et peinture dans "West Los Angeles College", "Culver City Adult School", "Emerson Adult School" et "Emeritus College" de Santa Monica, et suivit également divers cours et ateliers donnés par des peintres connus, tels que les cours de plein air de Tom Fong et l'art du portrait par Steve Jones.

Marion continue ses études avec Gloria Lee, qui utilise souvent des techniques de média mixtes. Elle a ainsi plaisir à travailler avec des médias tels que pastels, aquarelles et acryliques, qu'elle combine en collages.

Mrs. Wong is a member of the Pacific Art Guild, El Segundo Arts Association and the Culver City Art Group and has received awards from each of these organizations during their juried shows.

Often displayed at the Senior Art Exhibit in Los Angeles City Hall, Mrs. Wong's work depicts land and seascapes from many travel memories. Also, she frequently features beloved birds, dogs and other animals in their natural habitats.

She has illustrated several books for the *Hither and Yahn* poetry series.

Contact Marion at: *andymarion77@hotmail.com*

Marion Wong est membre du "Pacific Art Guild", "El Segundo Arts Association" et de "El Segundo Art Group", et a reçu des prix décernés par les jurys de ces différentes associations au cours de leurs expositions de peinture.

Les toiles de Marion Wong, qui figurent souvent dans l'Exposition "Senior Art" de la mairie de Los Angeles, représentent souvent des paysages terrestres et maritimes, souvenirs de ses nombreux voyages. Elles décrivent aussi fréquemment des oiseaux, chiens et autres animaux favoris dans leur habitat naturel.

Marion a illustré plusieurs oeuvres dans la collection de poésie *Hither and Yahn*. On peut entrer en contact avec elle à: *andymarion77@hotmail.com*

Index of Poems by First Line in English

Index par première ligne en français

le carillon emplit l'air glacé 47
le monstre vaincu et l'enfant assoupi 32
le printemps à Oceanside 30
le son du violon 37
les pingouins d'Adélie au coucher du soleil 23
papa a reçu de son patron 9
pour ma soeur, Marion Wong 51
quel malheur 24
regard pétulant 49
sur mon entrée de garage la rouille 29
sur notre table 11
travaux de rénovation cet été 13
trois voliers, un planche de surf, un poisson rouge 17
une nature morte florale 3
une poule circonspecte 44
un trône doré attend 46
veille des répétition générale 41
vision partagée 8

Images in Order of Appearance /
Images par ordre d'apparition

Acknowledgments

The author thanks Michael Dylan Welch for publishing "rust on my driveway" and "chimes grace chilled air" in his volume commemorating the 25th anniversary of the North American Haiku conference entitled *Fire in the Trees* and published in 2015.

She is grateful, too, that variants of "spring in Oceanside" and the HOA rust poem appeared in *The Regional Reading: Haiku North America 2013* and Welch & Hart's 2013 *Close to the Wind.*

Greg Longenecker picked this same HOA poem for his *2013 Southern California Haiku Study Group Anthology* and "steady wind calms bay" for his 2014 volume. In 2012 he chose the "coot bathes nearby" which was also part of the Carlsbad Library's *Magee Park Poets 20th Anniversary Anthology* in 2009 edited by Shadab Zeest Hashmi and the HNA 2011 reader.

William Hart selected "violin strains" and "dress rehearsal eve" for his 2015 SCHSG volume.

The senryu for Teresa Gonzales-Lee, "sparkling eyes" appeared in Vol. 41, No. 4 of the *California Quarterly of the California State Poetry Society* in 2015.

Editor Maura Harvey published three of the first edition haiku in CQ43: Vol. 2: "lovesick as a frog," "frail as snow-faeries," and "in estuary." Finally, Dr. Jody Glittenberg of the Denver Branch of the National League of American Pen Women wrote the great review that appears on the back cover.

Remerciements

L'auteur remercie Michael Dylan Welch pour avoir pub-lié "sur mon entrée de garage la rouille" et "le carillon emplit l'air glacé" dans son receuil commémorant le 25ème anniver-saire du Congrès nord-américain sur le Haiku intitulé *Fire in the Trees* et publié en 2015.

Elle exrime aussi sa reconnaissance pour la publication de variantes de "printemps à Oceanside" et "rust on my driveway" dans *The Regional Reading: Haiku North America 2013" et "Close to the Wind"* de Welch et Hart en 2013.

Greg Longnecker a également choisi le poème "rust on my driveway" pour son *Southern California Haiku Study Group* et "steady wind calms bay" pour son numéro de 2014. En 2012, il a choisi "coot bathes nearby" qui a également fait partie de l'anthologie de la bibliothèque de Carlsbad: "Magee Park Poets 20th Anniversary", éditée par Shadab Zeest Hashmy et la petite publication HNA en 2011.

William Hart a choisi "violin strains" et "dress rehearsal eve" pour cette même publication en 2015.

Le senryu pour Teresa Gonzalez-Lee "sparkling eyes" a été publié dans le volume 41, Numéro 4 de la *California Quaterly of the California State Poetry Society* en 2015.

Maura Harvey, éditeur, a publié trois haikus dans la première édition de CQ43, vol.2: "lovesick as a frog", "frail as snow fairies" et "in estuary". Enfin, Dr. Jody Glittenberg, National League of Pen Women, Denver, a écrit l'aimable critique au dos du livre.

A Special Thanks to

Dr. JoAnn (Jody) Glittenberg Hinrichs, Professor Emerita of Nursing, Anthropology, and Psychiatry at the University of Arizona, Tucson, Az, for her review of our first Spanish edition in the Fall 2017 issue of *The Pen Woman*:

To open this small treasure of haiku poetry with imaginative art done by the author's gifted sister brings a fresh awakening to nature and the importance of living in the moment.

Jody states that she joyfully read and reread each poem and illustration, citing as an example, the "ice queen" and its abstract with "vivid reflections" and "shimmering" colors.

She quotes Dr. Jonsson-Devillers' comments from the Foreword that while haiku...

is mostly inspired by nature, ... this little book goes in another direction and gets its inventiveness from looking at works of art, where shapes and colors fill the imagination with objects and creatures that surround our everyday life.

The reviewer concludes: "This book makes a great gift for any lover of poetry and art. I believe it represents the epitome of work by members of the Pen Women."

Un remerciement spécial à

Dr. JoAnn (Jody) Glittenberg Hinrichs, professeur emerita pour infirmières, "School of Nursing, Anthropology & Psychiatry", Université d'Arizona à Tucson, pour sa critique dans la revue *The Pen Woman,* automne 2017.

> *Ouvir ce petit trésor de haïkus accompagné d'un art in-ventif par l'habile soeur de l'auteur est une apportation originale à la nature et souligne l'importance de vivre dans l'instant.*

Jody dit qu'elle a lu et relu avec plaisir chaque poème avec ses illustrations, comme par exemple "la reine des neiges" et mentionne les "réflections vives" et les couleurs "chatoyantes".

Elle cite les commentaires du Dr. Jonsson-Devillers dans l'avant-propos :

> *Alors que le haiku traditionnel s'inspire en grande partie de la nature, ce petit livre va dans une autre direction et manifeste sa créativité en se tournant vers des peintures où les tracés et les couleurs emplissent l'imaginaire d'ob-jets et de créatures qui nous entourent au quotidien.*

La critique dit en conclusion: "Ce livre constitue un beau cadeau pour tout amateur de poésie et de peinture. J'estime que c'est une oeuvre exemplaire de femmes appar-tenant aux "Pen Women".

"Aesthetic fun!" "*Un divertissement esthétique!*"

"Creative example for those who collaborate..."
"*Exemple innovant pour les participants!*"

"Pearl of a 'perk' for the classroom...and a *must* for interdisciplinary studies!"
"*Entrain et inspiration dans toute la classe...et outil incontournable pour toutes études interdisciplinaires!*"